DU PROJET DE LOI

SUR LE SACRILÉGE.

Le *Memorial catholique* paroît par livraison de quatre feuilles d'impression, vers le 15 de chaque mois, a partir du 15 janvier 1824.

Le prix de l'abonnement est de 8 fr. pour six mois, de 15 fr. pour l'année (franc de port), et de 20 fr. pour l'étranger.

On s'abonne au bureau du *Memorial catholique*, rue Cassette, n° 55, et chez tous les directeurs de poste et principaux libraires de France et de l'étranger.

DU PROJET DE LOI

SUR LE SACRILÉGE,

PRÉSENTÉ

A LA CHAMBRE DES PAIRS

LE 4 JANVIER 1825.

PAR M. L'ABBÉ F. DE LA MENNAIS.

Sacrum, sacrove commendatum qui clepserit
rapseritve, parricida esto

Lex XII Tabul

A PARIS,

AU BUREAU DU MÉMORIAL CATHOLIQUE,
RUE CASSETTE, N° 35.

IMPRIMERIE DE LACHEVARDIERE FILS,
Successeur de Cellot, rue du Colombier, n. 30.

M.DCCC.XXV.

DU PROJET DE LOI
SUR LE SACRILÉGE,

PRÉSENTÉ

A LA CHAMBRE DES PAIRS.

Le 5 avril 1824, M. le garde des sceaux soumit à la Chambre des Pairs un projet de loi, non précisément sur le sacrilége, ce mot déplaisoit, mais contre les vols commis *dans les édifices consacrés à la religion de l'Etat ou aux autres cultes reconnus en France* (1). Touché du reproche d'indifférence, et même d'athéisme qu'on adressoit de toutes parts à notre législation, il jugea qu'il étoit convenable de la laver de cette flétrissure. Dans la jeune chaleur de son zèle, il crut même qu'il ne suffisoit pas, pour repousser cette odieuse imputation, de déclarer, à la face de l'Europe, que le peuple français avoit, comme tous les autres peuples, une religion ; il pensa que quatre ou cinq ne seroient pas trop dans une pareille circonstance, et en conséquence, parlant au nom du ministère, au nom du roi très chrétien, il entretint la Chambre de son respect pour *nos religions*, s'honorant ainsi d'être tout à la fois catholique, luthérien, calviniste, et juif même. Il y eut bien d'abord un peu de surprise, et ce luxe étonna après tant d'indigence : mais enfin M. de

(1) Les journaux officiels ne rendant pas toujours compte avec une parfaite exactitude des séances des Chambres, nous avons pris toutes nos citations dans le *Moniteur*.

Peyronnet, portant sans doute partout avec lui les senti-
mens qui l'animent, avoit trouvé que nos églises, les temples de Luther, les prêches de Calvin, et autres *lieux sacrés*,
comme il les appelle, sont également *l'asile de la piété et de
la vertu, tout remplis de la majesté du Dieu qu'on y
adore.*

Après de semblables aveux, le sacrilége, qu'il fût ou ne
fût pas nommé dans la loi, devenoit une chose réelle,
puisque enfin, suivant la notion que les hommes attachèrent
toujours à ce mot, le sacrilége consiste dans la profanation
d'un objet sacré, ou dans l'outrage qu'on lui fait, outrage
criminel par l'unique motif qu'il remonte jusqu'à Dieu, qui
seul est sacré et saint par lui-même. Il fut donc reconnu
implicitement qu'on pouvoit outrager Dieu, soit par la profanation des objets employés à son culte, soit par la profanation directe de la Divinité elle-même, présente sous les
espèces consacrées. Ce crime atroce parut à M. le garde
des sceaux digne du dernier supplice, pourvu qu'on eût
profané le saint des saints, et outragé Dieu *de nuit, en
compagnie d'une ou de plusieurs personnes, avec des ar-
mes apparentes ou cachées, avec violence ou menace, à
l'aide d'effraction, d'escalade ou de fausses clefs.*

La sévérité de cette disposition pouvant néanmoins sem-
bler *excessive*, le ministre fit observer qu'elle n'offroit après
tout qu'une application nouvelle des articles du code destinés à protéger *les lieux qui servent d'asile à nos animaux
domestiques.* Personne, que nous sachions, excepté M. l'é-
vêque de Troyes, ne s'éleva contre cette comparaison, sans
exemple depuis l'origine du monde. Voilà où nous en étions
en 1824. Aujourd'hui où en sommes-nous? Y a-t-il quelque
chose de changé dans nos doctrines publiques? C'est ce que
tout à l'heure nous verrons.

L'esprit du projet de loi étoit tout entier dans le discours de M. le garde des sceaux. Une commission fut nommée pour examiner ce projet. M. Portalis, chargé du rapport, s'embarrassa un peu dans des raisonnements abstraits sur la religion, qui est, dit-il, *le lien principal des hommes entre eux, ainsi que l'indique cette philosophie du langage, qui préside à la composition et à l'imposition des noms ;* et sur la justice, *rayon de cette lumière incréée qui éclaire le cœur de chaque homme, et dont la religion est le foyer commun.* Je pense que les nobles pairs comprirent cela. «Avec elle » (avec la religion) descend du ciel dans les consciences, » comme un complément indéfectible de l'autorité des lois, » l'imposante et efficace notion d'un Dieu législateur et juge, » vengeur et rémunérateur.» Ce qui signifie, d'un côté, que la *notion* de Dieu, indépendante de toute instruction, est dans la conscience avant d'être dans l'entendement ; dès lors Dieu se révèle à chaque homme individuellement : et d'un autre côté, que les lois et leur autorité existoient avant la religion qui n'en est que le *complément*, et avant la connoissance d'un Dieu législateur. C'est le comble de l'art ou du bonheur d'avoir su ainsi réunir, dans une seule phrase, toute la substance de l'*Émile* et du *Contrat Social.*

Le rapporteur ne laisse pas de proposer, au nom de la commission, quelques amendements au projet de loi, afin de « remplir, dit-il, le vœu de ceux qu'une *pieuse sollicitude* » porte à désirer que la profanation et le sacrilége soient sé- » vèrement réprimés. » De sorte qu'il invitoit naïvement la Chambre, non pas à défendre la société contre un genre de crime qui en ébranle les fondements, non pas à raffermir la base des lois en punissant les outrages faits à l'être souverain de qui toute justice émane essentiellement, mais à satisfaire par des supplices *les désirs d'une pieuse sollicitude* : il n'y voyoit pas autre chose.

Bientôt après, à la vérité, il parle de sa *ferme confiance*, partagée par la commission, « que la loi proposée protégera » efficacement la société contre le scandale affligeant des pro- » fanations, et les criminels attentats du sacrilége. » Mais il oublie qu'il venoit, il n'y a qu'un moment, d'avertir la Chambre, que le plus odieux des sacriléges *ne se trouvera pas prévu par la loi;* ce qui ne l'empêche pas d'ajouter, à propos d'une disposition finale : « Elle atteste le haut degré » de protection que le législateur accorde aux principes reli- » gieux, et le caractère de gravité qu'il imprime *aux moindres* » *délits qui intéressent la religion.* »

Il seroit inutile de rechercher la véritable pensée du noble pair au milieu de tant de contradictions. Ce qui est clair du moins, c'est l'admirable et généreuse condescendance du législateur, qui daigne *accorder sa haute protection aux principes religieux,* à la vérité, à la justice, à Dieu et à ses commandements.

La discussion s'ouvrit sur ce rapport et sur le projet de loi qu'il accompagnoit.

M. le cardinal-archevêque de Sens indiqua l'unique moyen de faire une bonne loi sur le sacrilége, en *séparant, dans tous les actes de notre législation religieuse, ce qui concerne l'église catholique de ce qui concerne les autres cultes; en faisant, par exemple, dans le cas présent, une loi distincte et séparée pour ces derniers.* Cette loi auroit simplement sta- tué sur les vols et autres délits commis dans les lieux où se célèbrent ces cultes.

Après une déclamation philanthropique de M. de Lally- Tolendal sur la peine de mort, et un discours plein d'âme et d'éloquence de M. l'évêque de Troyes, M. l'archevêque de Paris, modifiant la proposition de M. le cardinal archevêque de Sens, se réduisit à demander, « qu'on supprimât dans

» chaque article du projet toute énonciation relative à d'autres
» cultes que la religion de l'État, et d'ajouter comme supplé-
» ment un paragraphe qui déclare applicables aux délits com-
» mis envers ces cultes les dispositions pénales contenues dans
» la première partie de l'article. »

M. le garde des sceaux fit observer avec raison que « cette
» division ne rendroit pas la loi meilleure ni son exécution plus
» assurée; que c'étoit la forme et non le fond que l'on atta-
» quoit. »

M. l'archevêque de Paris en convint franchement. « Sa propo-
» sition, dit-il, n'avoit aucunement pour but, et ne sauroit avoir
» pour effet d'affoiblir la répression des délits commis envers
» les autres cultes, puisqu'elle laisse subsister dans toute leur
» étendue les peines portées contre ces délits par le projet de
» loi. Il répugneroit à ses intentions de donner à qui que ce
» soit aucun sujet de plainte, d'atténuer à l'égard des cultes
» légalement établis le bienfait de la charte; mais il demande
» aussi que la religion de l'État recueille *quelque avantage* du
» titre que cette même charte lui assure, et que, séparant de
» chaque article du projet ce qui la concerne et ce qui con-
» cerne les autres cultes, on s'abstienne de la confondre avec
» eux dans une disposition commune où rien ne rappelle son
» incontestable supériorité. »

M. l'archevêque de Paris ne sembloit pas trop demander
en faveur de la religion, qu'il étoit particulièrement obligé de
défendre : une simple division de paragraphes suffisoit pour
le satisfaire. On ne devine pas pourquoi M. le garde des sceaux
s'opposoit à un changement qui n'intéressoit pas le fond des
choses, et qu'il reconnoissoit être de simple forme.

Une réclamation plus importante , sur une lacune du projet
de loi, s'éleva presque aussitôt; et pour être juste envers tout le
monde, nous rappellerons ici que l'honneur de cette réclama-

tion , qui auroit dû être appuyée plus fortement, appartient à M. Pasquier. Il déclara « qu'on ne pouvoit s'empêcher d'intro-
» duire dans le projet une disposition répressive du sacrilége, in-
» dépendant du vol, qu'atteignoit seul la disposition originaire.
» Tout en respectant les principes de notre législation pénale,
» on conviendra, dit-il, que, dans une loi qui a pour but la
» répression des crimes commis dans les églises, il est impos-
» sible de passer sous silence le plus odieux de tous ces cri-
» mes, la violation des tabernacles et la profanation des hos-
» ties consacrées. De quelque nom que l'on flétrisse un pareil
» attentat, il a besoin d'être prévu, d'être exprimé par une
» assemblée dont tous les membres, à un petit nombre d'ex-
» ceptions près, font profession de la foi catholique.» En conséquence M. Pasquier vouloit qu'on insérât dans la loi « le
» terme de *violation ou destruction des saintes hosties*, ou
» quelque autre expression plus convenable. »

Rien ne paroissoit plus juste et plus simple à la fois ; on y vit pourtant des difficultés. La plus grande étoit de rappeler indirectement le mot de *sacrilége*. M. l'évêque d'Hermopo-lis, avec cet esprit de conciliation qui le caractérise (1),
« consentit à céder à un *scrupule* dont il voudrait peut être
» mieux s'affranchir, dit-il; mais, ajouta le noble pair, si l'on
» craint d'employer ce mot de sacrilége sans une définition
» qui en restreigne la latitude, au moins faut-il le remplacer
» par *quelque chose*. »

L'assemblée n'avoit pas au fond d'éloignement pour cet avis conciliatoire : l'embarras étoit d'imaginer *quelque chose* qui dît et ne dît pas ce qu'on vouloit et ce qu'on ne vouloit pas exprimer. Enfin, après avoir balancé les désirs et les *répu-*

---

(1) « Un nouvel opinant (*M. l'évêque d'Hermopolis*) présente une rédaction qu'il croit propre à *concilier* toutes les opinions. » *Moniteur du 6 mai 1824.*

gnances (1), le noble pair « se flatta que la disposition sui-
» vante n'éprouveroit aucune objection. Il proposa d'ajouter
» comme article additionnel à la suite de l'article 2 :•

» Sera puni de la même peine quiconque, dans un édifice
» consacré à la religion catholique, aura volé, avec ou sans
» effraction, les vases sacrés renfermés dans le tabernacle. »

Les uns trouvèrent que cette disposition en effet étoit *quelque chose*, d'autres trouvèrent que ce n'étoit rien, et plusieurs que c'étoit trop. Une longue discussion s'engagea sur
les termes de la conciliation. Devoit-on dire les vases *déposés*
ou *renfermés?* M. l'archevêque de Paris résolut cette grave
difficulté par *les règles canoniques*, qui ordonnent *que le tabernacle soit toujours fermé.*

Il se jeta ensuite dans des distinctions un peu subtiles sur
les vases sacrés *destinés à l'exercice de la religion de l'Etat*,
et les vases consacrés *à la célébration des autres cultes* : de
sorte qu'à son avis, tandis que les autres cultes et leurs vases
n'étoient que *consacrés*, la religion de l'Etat et les vases *destinés à son exercice* avoient *l'avantage* d'être *sacrés : supériorité incontestable*, qui ne satisfit cependant pas M. l'évêque de Troyes, dont le mâle esprit et la vive foi étoient peut-
être peu propres à saisir ces délicatesses grammaticales.

Enfin, pour en venir à *quelque chose* de décisif sur cette
question, M. l'archevêque de Paris fit, en présence de l'Europe, cette déclaration solennelle, que chacun peut lire dans
le *Moniteur*, où elle fut consignée le lendemain.

« Le vol des vases employés à la célébration des autres
» cultes suppose en effet, dans celui qui s'en rend coupable,
» le même principe d'irréligion que celui de nos vases sacrés,
» quelle que soit la distance qui, dans le fait, sépare les uns des

(1) « Personne ne veut laisser le sacrilège impuni. — Si toutefois on y
» *répugne*, etc. » *Moniteur, ibid.*

» autres, et rien n'empêche que la loi lui applique la même
» disposition pénale. »

Abrégeons : la loi amendée selon ces principes parut anti-
chrétienne et anti-sociale à la commission de la Chambre
des Députés. Elle s'occupoit d'en rédiger une que des chrétiens pussent adopter, lorsque, tout-à-coup le ministère retira
son projet. Il le reproduit aujourd'hui avec des modifications
qui ne le rendent pas meilleur, ainsi que nous le montrerons
dans un moment, après avoir présenté quelques observations
sur le discours de M. le garde des sceaux.

L'incohérence et la contradiction des idées, la fausseté dan-
gereuse des maximes, voilà ce qui frappe d'abord dans ce
discours. S'excusant de n'avoir offert à la discussion des
Chambres, pendant la dernière session, qu'un projet de loi
incomplet au jugement de tout le monde et de son aveu même
insuffisant, le ministre en donne cette raison, qu'il n'avoit
pas cru devoir provoquer des dispositions pénales contre *un
crime qui nous étoit devenu étranger.*

« Quand nous portions, dit-il, nos regards sur la société,
» nous y remarquions plus d'indifférence que de haine pour
» la religion ; plus de négligence et d'oubli, que d'ardeur à
» la combattre et à l'outrager ; plus d'impiétés commises par
» des malheureux dépourvus de foi, que de sacriléges commis
» par de fanatiques adversaires de notre culte et de nos
» croyances. Les exemples de sacriléges étoient très rares,
» *et pour ainsi dire inconnus :* il nous parut qu'on pouvoit dif-
» férer d'instituer des supplices pour *un crime qui nous étoit*
» *devenu étranger,* et d'offrir des garanties à la société contre
» un danger auquel elle n'étoit pas exposée. »

Il est assez étrange que le premier magistrat du royaume,
chargé de la défense des doctrines sociales, choisisse pour
apprendre qu'il y a *plus de négligence et d'oubli de la reli-*

gion, *que d'ardeur à la combattre et à l'outrager*, le moment même où, non satisfait de réimprimer et de répandre avec profusion, jusque dans les campagnes, les ouvrages du dernier siècle, dans lesquels la religion est à chaque page *attaquée et outragée*, ou inonde encore la France de livres nouveaux où l'impiété la plus hardie se joint au cynisme le plus révoltant (1).

Mais enfin il est constant, d'après M. le garde des sceaux, que le sacrilége est parmi nous un crime *pour ainsi dire inconnu ;* que dès lors il est inutile *d'offrir à la société des garanties contre un danger auquel elle n'est pas exposée.* Qui croiroit que ce fût là précisément l'un des motifs sur lequel le ministre appuie son projet de loi, et qu'il vienne dire à la Chambre des Pairs : « Messieurs, le sacrilége est un crime » qui n'existe point, en conséquence, je vous propose de faire » une loi contre le sacrilége. »

Il est difficile de ne pas trouver une sorte de contradiction dans ce langage : attendons pourtant ; M. de Peyronnet a bien des ressources dans l'esprit ; citons encore :

« Qu'est-ce que le sacrilége ? C'est, répond le projet de » loi, la profanation des choses sacrées. En quoi consiste la » profanation ? A commettre volontairement et par haine ou » mépris de la religion, des outrages et des voies de fait sur » les vases sacrés ou sur les hosties consacrées. »

La profanation des choses sacrées, commise par haine ou mépris de la religion, est donc en France, *pour ainsi dire inconnue ?* Le ministre du moins ne peut le dire sans abandonner, comme on va le voir, sa doctrine sur le sacrilége ;

____

(1) Une seule entreprise de ce genre, la *Bibliotheque du dix-neuvième siècle,* destinée, suivant le *Prospectus,* à préparer le peuple des campagnes a la lecture de Voltaire et de J.-J. Rousseau, mettra six cent mille volumes d'impiétés en circulation dans le cours d'une ou deux années.

car voici ce que nous lisons dans son discours à la Chambre des Pairs :

« Affligé *du grand nombre de vols sacriléges* qui se commet-
» tent dans les diverses parties du royaume, nous pensions
» qu'il étoit de notre devoir de proposer des peines pour les
» réprimer. »

Le vol d'une chose sainte est sans doute, selon les idées de tous les peuples, une profanation. Ils n'imaginèrent jamais, à la vérité que la profanation, pour être sacrilége, dût avoir été commise par haine ou mépris de la religion. Mais, quoi qu'il en soit de cette circonstance dont nous reparlerons ailleurs, il n'en reste pas moins avéré, de l'aveu de M. de Peyronnet, qu'il se commet en France un grand nombre de vols *sacri-léges,* et qui dès lors sont nécessairement, d'après sa défini-tion du sacrilége, *des profanations commises par haine ou mépris de la religion.* Le sacrilége, loin d'être un crime *pour ainsi dire inconnu,* est donc au contraire un crime très commun. De deux choses l'une enfin : ou, comme le disoit l'an dernier le ministre, *le sacrilége nous est devenu* heureu-sement *étranger,* et alors il est absurde de proposer une loi pour le réprimer et le punir ; ou, comme le dit aujourd'hui le même ministre, il se commet en France un grand nombre de vols *sacriléges,* et alors, à moins de renoncer à sa défini-tion, d'où dépend toute l'économie de la loi, il est obligé d'ad-mettre qu'il se commet en France un grand nombre de profa-nations par haine ou mépris de la religion. Quelle pitoyable position que celle d'un homme placé entre des faits qu'il ne peut nier, des maximes qu'il ne veut point avouer, et des conséquences nécessaires de ces maximes et de ces faits, qu'il lui faut admettre malgré lui !

Nous ne parlerons point des peines que l'auteur du projet de loi propose de décerner contre les vols sacriléges : mais nous ne pouvons à ce sujet passer sous silence deux phrases à peine concevables du discours que nous examinons.

« Puissiez-vous , dit le ministre, reconnoître dans le nou-
» veau projet qui vous est soumis, quelques traces de l'atten-
» tion scrupuleuse avec laquelle nous nous sommes appliqués à
» prévenir toute incertitude et toute équivoque, à éviter le scan-
» dale des débats et l'arbitraire des décisions, *à concilier enfin*
» *les intérêts de l'humanité, de la religion et de la justice.* Vos
» délibérations seules pourront nous apprendre si nous avons
» atteint le but qui nous étoit proposé; si nous avons rendu à
» la religion et à la société ce qui leur est dû , *sans imposer*
» *de trop grands sacrifices à l'humanité;* si nous avons
» rencontré cette exacte mesure de rigueur et de *bienveil-*
» *lance* qui est la justice même et qui fait seule les bonnes
» lois. »

Que , dans le préambule d'une loi pénale, on vienne nous entretenir de la *bienveillance* due au crime , c'est là sans doute un de ces prodiges réservés *au siècle des lumières.* Le ministre auroit-il par hasard voulu conclure du fait au droit? Ce seroit aller vite. Au reste je ne nie pas les exemples; on a tout vu, je le sais , en ces temps d'une parfaite civilisation , et je vois aussi que nous devons nous préparer à tout entendre. Que l'on daigne cependant éclairer notre gothique simplicité encore toute imbue des idées de nos pères. Dans les beaux jours qu'on nous a faits , jours heureux de *l'égalité*, n'y a t-il plus de distinction entre le bien et le mal, ou doit-on avoir pour le crime les mêmes sentiments que pour la vertu? où en sommes-nous? qu'on s'explique enfin. Depuis quand l'humanité , la religion, la justice, sont-elles des choses si opposées qu'il faille tant d'industrie et tant de soins pour les *concilier ?* Ne diroit-on pas qu'être juste, ce soit presque cesser d'être humain, et que la religion qui émane de Dieu, qui est l'expression , la manifestation de son amour pour l'homme, ait besoin de M. de Peyronnet et de son *attention scrupuleuse*, pour ne pas se présenter devant les hommes comme une ennemie! en vérité, il est touchant de le voir se fatiguer pour adoucir l'*inhumanité* du christianisme, et pour défendre l'homme contre Dieu.

Peut-être dira-t-il qu'il sépare la religion de la Divinité : il est vrai, et c'est cela même qui paroît, s'il se peut, plus incroyable encore que tout le reste. Jamais on n'entendit, avant le dix-neuvième siècle, des paroles semblables à celles-ci : «La » profanation des vases sacrés est un crime énorme; la pro- » fanation des saintes espèces est encore un bien plus grand » attentat : non qu'il faille le considérer comme un outrage en- » vers Dieu; car l'immensité tout entière nous sépare de l'Être » infini qui nous a créés, et il n'est en notre puissance, ni de » blesser, ni de venger l'inaltérable dignité de sa nature et de » son nom; mais c'est la religion qui est offensée dans ce qu'elle » a de plus cher et de plus sacré, etc. »

Que le ministre nous apprenne donc comment il est possible d'*offenser* la religion en elle-même, qui est une chose abstraite; comment quelque chose peut-être *cher et sacré* à une *loi* qui n'est rien, si elle n'est pas uniquement la volonté du suprême législateur. Lui plairoit-il de nous faire connoître ce qui est *cher et sacré* au *Code civil* et au *Code de procédure ?*

Nier qu'on puisse *outrager* Dieu, c'est nier le péché, c'est nier le crime, c'est détruire toute différence entre le vice et la vertu, c'est contredire la croyance, le sentiment, le langage même de tous les peuples et de tous les siècles. Qui offense Dieu, l'*outrage*; et c'est l'outrage direct de la Divinité qui constitue le sacrilége, et qui partout a été puni comme le plus exécrable des forfaits. Sans doute qu'il n'est pas au pouvoir de l'homme d'altérer *la dignité de la nature divine;* mais , dans nos sociétés mêmes , le scélérat qui outrage directement le souverain n'altère non plus, ni sa dignité, placée hors des atteintes du crime, ni la nature de la royauté : et pourtant l'outrage commis, non contre une loi abstraite, mais contre la personne vivante du prince, n'est-il pas la raison des châtiments sévères que la société inflige au coupable ? La doctrine qu'énonce ici M. le garde des sceaux est le déisme pur, et quelque chose de pire que le déisme : un Dieu qu'on ne peut outrager, qui par conséquent ne peut lui même, à titre de justice, ni récompenser ni punir; une religion dès lors indifférente à ce Dieu , dont *l'immensité tout entière nous sépare;* un sacrilége qui n'est plus un crime contre la Divinité, mais contre *la religion, offensée dans ce qu'elle a de plus cher;* contre *les intérêts de la société, attaquée dans ce qu'elle aime et révère le plus ;* contre *les peuples, insultés dans leurs sentiments les plus vifs, dans leurs opinions les plus profondes,* car on ne peut plus dire dans leur foi, *dans leurs espérances les plus consolantes.* Quand on en est là, l'on ne doit plus parler de sacrilége. Pour qui ne s'élève pas au-dessus de la terre, ce mot est vide de sens. Mais en rompant avec le ciel, en bannissant de vos lois le Dieu qui vous fatigue et vous gêne, ne dites pas du moins aux peuples qu'ils sont eux-mêmes des dieux. Que prétendez-vous protéger, venger par votre législation pénale, des sentiments, des espérances, des opinions ? Mais certes ce seroit aussi une absurdité trop barbare que de décerner contre *l'insulte* faite à des *opinions,* même *les plus profondes,* le supplice des parricides !

L'auteur du projet de loi semble l'avoir senti, comme on va le voir; et ceci nous conduit à l'examen de la loi même.

Si l'on s'étoit proposé, en paroissant menacer le sacrilége de peines sévères, d'en assurer l'impunité; en feignant un grand zèle pour la religion, de consacrer le principe de l'athéisme politique, la loi présentée seroit parfaite, car elle est tout ensemble illusoire et athée.

Elle est illusoire, car il y a impossibilité complète de constater jamais l'existence du sacrilége, tel qu'on le définit, et par conséquent nul tribunal ne sauroit en conscience appliquer la peine.

Que dit en effet le *titre premier ?*

« Art. 1. La profanation des vases sacrés et des hosties con» sacrées est crime de sacrilége.

» Art. 2. Est déclarée profanation toute voie de fait com» mise volontairement et *par haine ou mépris de la religion,* » sur les vases sacrés ou sur les hosties consacrées. »

Ainsi, avant de punir les plus horribles profanations, il faudra qu'un juge pénètre jusque dans le cœur du coupable, y découvre ce qui ne peut être vu que de Dieu seul, et cherche, non pas dans l'acte volontairement commis, mais dans les sentiments qui l'ont déterminé, les motifs de sa sentence ! Ce n'est là évidemment qu'un souvenir d'une autre époque, le renouvellement inattendu de *la question intentionnelle,* si célèbre dans les fastes de la législation révolutionnaire. Or, cette disposition suffit pour détruire tout l'effet de la loi, et de plus elle est encore absurde et impie au souverain degré.

Elle détruit tout l'effet de la loi ; car si quelqu'un de ces êtres pervers, qui se multiplient chaque jour parmi nous (1), viole le tabernacle, enlève le saint ciboire, profane et disperse le pain consacré, ne soutiendra-t-il pas toujours qu'il a commis ce sacrilége par amour pour le ciboire, et non par haine pour les saintes hosties ? Comment le convaincrez-vous du contraire ? Qui oseroit affirmer qu'en commettant ce crime il avoit

---

(1) Neuf violations de tabernacle, avec profanation des saintes hosties, ont eu lieu en une seule nuit dans le diocèse d'Evreux.

tel ou tel sentiment au fond du cœur, et l'envoyer à l'échafaud
à cause de ce sentiment, dont nul ne sauroit être certain. Pour
compléter votre législation , pour la rendre équitable , hâtez-
vous de trouver des jurés qui sachent ce que l'homme ignore,
à qui rien ne soit caché dans les ténèbres de la conscience;
des prophètes, des anges ne suffiroient pas , il faudroit Dieu
même.

La justice humaine ne regarde, ne peut jamais regarder
que les actes : le reste n'est pas de son ressort. Vous décernez
contre le sacrilége la peine du parricide; mais le parricide
lui-même, quand et pourquoi le punissez-vous ? Un monstre a
tué son père, il l'a tué volontairement, le fait est prouvé;
exigez-vous quelque chose de plus ? Et que penseriez-vous
d'un juge qui diroit : Le meurtre est avéré , mais avant d'en
condamner l'auteur, il faut encore savoir quels sont les sentiments qui l'ont animé, et si la haine ou le mépris condui-
soient ce bras qui a plongé le poignard dans le sein paternel;
car ôtez le mépris et la haine , le parricide disparoît.

Non seulement l'article 2 rend illusoires les dispositions du
titre premier, il est encore absurde en soi, puisqu'il soumet
à des peines sévères des délits impossibles à constater. La loi
ne peut atteindre et ne doit punir que les actions. Qui jamais
entendit parler d'une législation pénale contre les sentiments ,
d'une sentence de mort prononcée à raison de ce qui se passe
dans le secret du cœur ? Et remarquez de plus ici l'énorme
contradiction dans laquelle tombe le ministre. Un sentiment,
quel qu'il soit, considéré séparément de tout acte extérieur,
ne sauroit blesser que Dieu seul, et s'il ne blessoit pas Dieu,
ce ne seroit pas un crime, ce ne seroit pas une faute même
légère. L'acte extérieur , selon le projet, ne constitue pas le
sacrilége; il faut qu'il ait , en outre , été commis *par la haine
ou le mépris.* C'est donc la haine ou le mépris qui, selon

vous , caractérisent proprement le sacrilége; c'est la haine ou le mépris que vous punissez du supplice des parricides. Or la haine et le mépris ne peuvent être des crimes qu'autant qu'ils blessent Dieu , et le ministre nous assure *qu'il n'est en notre puissance, ni de blesser, ni de venger l'inaltérable dignité de sa nature et de son nom.* Donc, ou la peine du parricide est décernée contre un crime imaginaire , ou le principe qui sert de base au projet de loi n'est qu'une absurdité monstrueuse.

Dès qu'on sort de la vérité , l'erreur naît de l'erreur , et le mal naît du mal. L'article 2 , opposé à la justice et au sens commun , est encore souverainement impie , en ce qu'il attribue à la créature foible et aveugle le jugement de l'intention, le jugement du cœur, qui n'appartient qu'à Dieu ; et c'est en ce sens qu'il est dit dans l'Évangile : *Ne jugez point, afin que vous ne soyez point jugé* (1). Faire comparoître devant soi la conscience de l'homme , prétendre en scruter les secrets , déclarer qu'on a vu avec certitude ce qui se passa dans ses mystérieuses profondeurs , c'est une autre espèce de sacrilége : c'est prendre la place du souverain Être, c'est violer le sanctuaire de sa science incommunicable, infinie.

Nous avons avancé , en second lieu , que le projet de loi était *athée* dans son ensemble. Il sera facile de le prouver, mais pour cela il faut d'abord expliquer ce que nous entendons par le mot d'athéisme politique ou d'athéisme légal.

Un état est politiquement ou légalement athée lorsque Dieu est exclu de ses lois, lorsque la religion ne fait pas une partie essentielle de sa constitution, lorsqu'elle est également bannie et des institutions politiques et des institutions civiles : c'est ce que la révolution a fait en France, et ce qu'elle s'efforce de conserver.

(1) Nolite judicare, ut non judicemini. Matt. VII, 1.

Un état est encore politiquement ou légalement athée, lorsqu'il professe l'indifférence des religions, parceque c'est au fond n'en reconnoître aucune. Qu'on le remarque bien, cette indifférence athée, dont nous parlons, est totalement distincte de la tolérance civile. Ainsi, les juifs sont et furent toujours civilement tolérés à Rome, quoique aucun état ne soit certainement plus éloigné de l'indifférence religieuse ; et pourquoi ? parcequ'une seule religion y est regardée comme véritable. L'indifférence consiste donc à tenir pour également vraies toutes les religions, ou plusieurs religions diverses. Or c'est là ce que fait le projet de loi, en appliquant les peines portées contre le sacrilége, *aux crimes et délits commis dans les édifices consacrés aux cultes légalement établis en France.*

Tout sacrilége implique l'idée de la profanation d'une chose sainte, d'une chose sacrée ; M. le garde des sceaux l'avoue. Il reconnoît donc comme réellement sacrés les objets employés *aux cultes légalement établis en France :* sans quoi la loi, qui puniroit de peines plus sévères le vol de ces objets, seroit à la fois injuste et cruelle. Mais que peut il y avoir de sacré dans un culte faux, dans un culte que Dieu réprouve ? La loi suppose donc également vrais, également agréables à Dieu, tous *les cultes légalement établis en France.* Mais ces cultes contradictoires ne peuvent être également vrais que dans le sens où ils seroient tous faux ; le projet de loi les suppose donc faux, il établit donc l'indifférence des religions, il est donc athée.

Et de là cette expression étonnante da la loi : « Il y a preuve » légale de la consécration du ciboire, de l'ostensoir, de la pa- » tène et du calice employés aux *cérémonies* de la religion au » moment du crime. » Ainsi le plus saint des mystères, le sacrifice de Dieu même qui s'accomplit invisiblement sur l'autel, n'est, aux yeux de la loi, qu'une *cérémonie !* Et puis nous nous vanterons d'être chrétiens; mais le système entraîne. Ainsi encore, on n'appellera point la religion chrétienne par son nom; l'on ne dira point la religion catholique, apostolique, romaine, mais *la religion de l'Etat;* car enfin, qui empêche que l'État n'en adopte une autre? Et cette expression, d'ailleurs, marque clairement ce que l'on ne veut pas qu'on oublie, que si l'on reconnoît à la religion catholique quelques droits, ce n'est pas à cause d'elle et de sa vérité, mais uniquement à cause de la profession que l'État en fait.

Que si l'on trouvoit de l'exagération dans les conséquences que nous tirons du texte de la loi, il suffiroit, pour justifier tout ce que nous venons de dire, de citer le discours de M. le garde des sceaux; car il n'a pas voulu qu'on se méprît sur le but qu'il s'est proposé.

« Le projet actuel, dit-il, étant divisé en plusieurs titres,
» et le premier d'entre eux ayant pour objet des *croyances* (1)
» que n'admettent pas les cultes dissidents, *il a bien fallu* (2)
» reconnoître que les dispositions de ce titre (*le titre premier*)
» étoient exclusivement relatives à la religion de l'État (3).
» Dès lors, messieurs, il a dû paroître plus simple et
» plus convenable de régler, par un article spécial, les

(1) Ce ne sont pas des vérités, ce ne sont pas des dogmes, ce sont des *croyances.* Ailleurs il dit des *opinions :* l'on peut choisir.

(2) Qui pourroit en mal vouloir à M. de Peyronnet ? Assurément ce n'est pas sa faute si les *dissidents* refusent d'admettre les *croyances* ou les opinions de la religion de l'État. Que ne croient-ils un peu plus, on se feroit un devoir et un plaisir d'étendre proportionnellement la protection qu'on leur accorde.

(3) Il résulte de là que s'il plaisoit demain aux calvinistes, par exemple, d'*admettre la croyance* de la présence réelle dans leur cène, quoique parmi eux il n'existe point de veritable sacerdoce, et qu'il ne puisse par conséquent y avoir de consécration valide, la loi devroit punir le vol fait dans leurs temples d'un simple morceau de pain du même supplice dont elle punit la profanation du corps sacré du Sauveur des hommes, l'exécrable profanation de la Divinité elle même

» diverses applications de la loi, et de marquer profondé-
» ment, par une disposition isolée, que les promesses de la
» chatre ne sont point de vaines promesses, et que l'*égalité*
» *de protection* qu'elle garantit à tous les cultes admis dans
» le royaume, *n'a d'autres limites que celles de ces cultes*
» *mêmes et de leurs doctrines.* »

Vous l'entendez; l'intention de M. le garde des sceaux,
dans son projet de loi, a été de *protéger également* les cultes
les plus opposés, et *sans autres limites que celles de ces*
cultes mêmes et de leurs doctrines. Quelle touchante *égalité*
qui unit dans la même protection la *croyance* du chrétien
qui adore Jésus-Christ, et la *croyance* du juif qui le blas-
phème; la *croyance* du catholique qui reconnoît son Dieu
sous les apparences de l'hostie consacrée, et la *croyance* du
protestant pour qui cette hostie n'est qu'un morceau de pain!
Voilà comment le ministre entend *la charte* et *la religion*
de l'Etat; voilà ce qu'il a voulu *marquer profondément.*
Affligé des nombreux sacriléges qui épouvantent la France,
il vient, pour y remédier, proposer à ses députés et aux
pairs du royaume une déclaration d'indifférence pour toutes
les religions légalement établies, une profession solennelle
d'athéisme! Espérons que cette loi funeste sera repoussée
avec toute l'indignation, avec toute l'horreur qu'elle doit
inspirer à quiconque croit en Dieu. Grâce au ciel, on s'est
trop pressé : la France, quoiqu'on ait fait pour hâter ses
progrès, n'est pas encore mûre pour ces doctrines; et de
telles lois ne sont proclamées d'ordinaire que la veille de la
mort des peuples (1).

____

(1) Nous examinerons prochainement un autre projet de loi présenté à la
Chambre des Pairs sur les communautés religieuses de femmes.